BEI GRIN MACHT SICH IHR WISSEN BEZAHLT

- Wir veröffentlichen Ihre Hausarbeit, Bachelor- und Masterarbeit

- Ihr eigenes eBook und Buch - weltweit in allen wichtigen Shops

- Verdienen Sie an jedem Verkauf

Jetzt bei www.GRIN.com hochladen und kostenlos publizieren

GRIN

Innovative Konzepte der Industrie 4.0. Risiken und Chancen

Blerta Laiq

Bibliografische Information der Deutschen Nationalbibliothek:

Die Deutsche Nationalbibliothek verzeichnet diese Publikation in der Deutschen Nationalbibliografie; detaillierte bibliografische Daten sind im Internet über http://dnb.d-nb.de abrufbar.

ISBN: 9783346360106
Dieses Buch ist auch als E-Book erhältlich.

Druck und Bindung: Books on Demand GmbH, Norderstedt Germany
Gedruckt auf säurefreiem Papier aus verantwortungsvollen Quellen

Das vorliegende Werk wurde sorgfältig erarbeitet. Dennoch übernehmen Autoren und Verlag für die Richtigkeit von Angaben, Hinweisen, Links und Ratschlägen sowie eventuelle Druckfehler keine Haftung.

Das Buch bei GRIN: https://www.grin.com/document/993444

FOM Hochschule für Oekonomie und Management

Studienzentrum Stuttgart

Hausarbeit im Modul „Wissenschaftliches Arbeiten"

Industrie 4.0

Fachbereich: Wissenschaftliches Arbeiten
Abgabedatum: 02.10.2020

Blerta Laiq

Inhaltsverzeichnis

Abkürzungsverzeichnis

CPPS	Cyber Physical Production System
M2M	Machine to Machine
AR	Augmented Reality
VR	Virtual Reality
RFID	Radio Frequency Identification-Chip
BMWi	Bundesministerium für Wirtschaft und Energie
MES	Manufacturing Execution System
ERP	Enterprise-Ressource-Planning
z. B.	zum Beispiel

1 Einleitung

Die Bundesrepublik Deutschland ist nach einer Studie der Deutschen Akademie der Technikwissenschaften der weltweit führende "Fabrikschiedsrichter".[1] Aus dem sehr umfangreichen Know-how in den Bereichen der Informationstechnologie (IT), der Automatisierungstechnik und der eingebetteten Systeme ergibt sich ein unverzichtbarer Wettbewerbsvorteil. Die Bundesregierung hat sich zum Ziel gesetzt, diese führende Funktion auszubauen und auch in Zukunft eine Pionierstellung einzunehmen, indem sie das Potenzial nutzt, welches die Einführung von IT in der Produktion von Industriegütern mit sich bringt. In diesem Prozess wurde der vom Bund geprägte Begriff "Industrie 4.0" geschaffen.[2] Im Jahr 2013 erwirtschaftete die Industrie mit 5,2 Millionen Beschäftigten nach Erhebungen des Bundesministeriums für Wirtschaft und Energie (BMWi) einen Umsatz von 1,6 Billionen Euro.[3] Die vollständige Vernetzung von Personen, Maschinen und Dingen ist das zentrale Anliegen von Industrie 4.0 und dem "Internet der Dinge". Aus dieser Verknüpfung kann eine Vielzahl neuer Dienstleistungen und Produkte geschaffen werden. Es sollten Werkzeuge, Transportmittel, aber auch Produkte gegenseitig darüber verhandeln, wie der nächste Produktionsschritt am besten lauten könnte. Auf diese Weise würde die virtuelle Welt reibungslos in das reale Objekt übergehen. Mit diesem "Zukunftsobjekt" der deutschen Regierung ergeben sich große Herausforderungen für die Branche. Der permanent wachsende Bedarf an der unverzüglichen Bereitstellung von Informationen und Anwendungen ("Real-Time-Economy"), die zunehmende Nachfrage nach nachhaltigem, ressourcenschonendem Wirtschaften in Folge des wachsenden Wettbewerbsdrucks[4] und eine Verlagerung der globalen Güternachfrage zugunsten des asiatischen Raums sind nur einige dieser Herausforderungen.[5] Ebenso sind Markttrends zu erkennen, die die Wirtschaft im Laufe der nächsten zehn Jahre vor eine große Hürde stellen werden. In der vorliegenden Hausarbeit sollen wesentliche, innovative Konzepte der Industrie 4.0 aufgezeigt werden, welche im Zuge des neuen Industriezeitalters sowohl erhebliche Risiken als auch wesentliche Chancen für die Industrie nach sich ziehen werden.

---

[1] Vgl. Abschlussbericht Industrie 4.0 (2013), in: acatech.de
[2] Vgl. Art. BMWi Industrie 4.0, in: bmwi.de
[3] Vgl. Art. BMWi Industrie 4.0, in: bmwi.de
[4] Vgl. Art. „Die wichtigsten Fakten zur Real Time Economy", in: MyBusinessFuture.de
[5] Vgl. Art. „Weltwirtschaftliche Schwerpunktverschiebung nach Asien?", in: giga-hamburg.de

2 Historischer Kontext

Bereits vor der aktuell ablaufenden vierten Industrierevolution existierten drei weitere, die im folgenden Kapitel in historischer Reihenfolge wiedergegeben werden. Um 1750 begann die erste industrielle Revolution mit der Entwicklung der Dampfmaschine. Dampfbetriebene Maschinen ermöglichten es, den wirtschaftlichen Wohlstand der Industrieländer zu verbessern und die Gefahr von Hungersnöten zu mildern. Durch die bessere Versorgungssituation im Ländervergleich wuchs die Bevölkerung im Verhältnis zu anderen Ländern stark an. Auch die Versorgung der Bevölkerung im Landesinneren wurde durch die neuen Möglichkeiten der Güterbeförderung durch ein besseres Transportsystem mit der Eisenbahn oder gar mit Dampfschiffen immer besser. Parallel dazu stieg die Produktivität in vielen Industriezweigen, da immer rentabler gewirtschaftet werden konnte.[6] Infolge dieser Revolution ging der Prozentsatz der im Handwerk und in der Landwirtschaft Beschäftigten zurück, und es entstanden neue Bevölkerungsschichten, nämlich die der Fabrikbesitzer und Fabrikarbeiter. Hier muss allerdings auch die Gegenseite berücksichtigt werden, denn obwohl der allgemeine Wohlstand zunahm, wurden die Fabrikarbeiter enorm ausgebeutet und auch die Kinderarbeit war zu dieser Zeit ein ernstes Thema.[7] Der Übergang zwischen der ersten und der zweiten industriellen Wende führte angesichts dieser Klagen sogar zu gewaltigen Volksaufständen. Als Vorreiter der zweiten industriellen Revolution gilt Henry Ford. Er war Erfinder des Fließbandes und der daraus hervorgegangenen Massenfertigung auf der Grundlage der Arbeitsteilung. Dies war jedoch nur mit den Elektromotoren realisierbar, die im gleichen Zeitraum auf den Markt kamen. Mit der Einführung der Elektromotoren war schließlich eine wesentlich dezentralere Produktionsstruktur möglich, da nunmehr jede Maschine ihren eigenen Motor anstelle einer zentralen Kraftmaschine besaß. Dank dieser Invention konnte die industrielle Massenproduktion, insbesondere im Automobilbau, rasch voranschreiten. Auf diese Weise kamen die Menschen zur Erkenntnis, dass Industriearbeiter nicht ausgenutzt werden dürfen und es eine angemessene Güterverteilung zu gewährleisten gilt. Die Bevölkerung setzte folglich ihr Wachstum fort. In dieser Periode entstanden die Grundzüge der Sozialdemokratie und kommunistisches Gedankengut.[8] Nach einer Unterbrechung durch

---

[6] Vgl. T. Bauernhansl, M. ten Hompel, B. Vogel-Heuser, Industrie 4.0, S. 4
[7] Vgl. T. Bauernhansl, M. ten Hompel, B. Vogel-Heuser, Industrie 4.0, S. 5
[8] Vgl. T. Bauernhansl, M. ten Hompel, B. Vogel-Heuser, Industrie 4.0, S. 6

zwei Weltkriege gab das Wirtschaftswunder zu Beginn der 1960er Jahre der dritten industriellen Revolution einen immensen Impuls. Zur damaligen Zeit wurden neue Technologien wie Elektrotechnik oder Kommunikations- und Informationstechnologien ausgebaut und weiterentwickelt. Durch diese Innovation wurde eine immer stärkere Automatisierung der Fertigung möglich. Die Grundbedürfnisse der Menschen in Deutschland wurden in den 1980ern Jahren weitgehend gedeckt, so dass die Kundenwünsche immer individueller wurden und die Qualitätsanforderungen an die Erzeugnisse wuchsen. Darüber hinaus machten neben der fortschreitenden Informations- und Kommunikationstechnologien auch das Internet Wissen weltweit zugänglich und ermöglichten den Weg in die Globalisierung.[9] Entgegen den Annahmen der Ökonomen hat sich die deutsche Wirtschaft nicht vollständig zu einer Dienstleistungsgesellschaft entwickelt, sondern konnte im Gegensatz zu USA und England den Anteil der Industrie am Bruttoinlandsprodukt mit etwa 25% relativ hoch halten. Dies betrachteten viele Länder als großen Fehler und bedauerten, dass es Deutschland nicht gelungen ist, den „Aufstieg" zur Dienstleistungsgesellschaft zu vollziehen. Mit der Finanzkrise in den Jahren 2007/2008 änderten jedoch viele ihre Meinung und erkannten die Vorteile einer starken heimischen Industrie.[10]

3   Zentrale Paradigmen

Oft wird Industrie 4.0 nur auf den Einsatz neu entwickelter Technologien bezogen. Allerdings ist dies eine unzureichende Reduzierung, vielmehr bedeutet eine vernetzte Industrie die Zusammenführung existierender Technologien. Die Schwierigkeit liegt in der bestmöglichen Kombination dieser Technologien, um im Idealfall als einheitliche Gesamtlösung zu fungieren.[11]

3.1   Paradigma 1: Vertikale und horizontale Integration

Bei der **vertikalen Integration** werden alle Systeme innerhalb eines Unternehmens hierarchisch angeordnet und die Schnittstellen für den Datenaustausch geschaffen. Darüber hinaus können nicht nur innerhalb einer Hierarchieebene, sondern auch zwischen den

[9] Vgl. T. Bauernhansl, M. ten Hompel, B. Vogel-Heuser, Industrie 4.0, S. 6f
[10] Vgl. T. Bauernhansl, M. ten Hompel, B. Vogel-Heuser, Industrie 4.0, S. 7f
[11] Vgl. A. Roth, Industrie 4.0, S. 37

4

einzelnen Hierarchiestufen Daten miteinander ausgetauscht werden. Eine möglichst einfache und einheitliche Mensch-Maschine-Kommunikation ist notwendig, um diese Vertikalintegration so effizient wie möglich zu gestalten. Zu diesem Zweck muss sichergestellt sein, dass alle Aktoren, eingebetteten Systeme und Sensoren herstellerunabhängig mit einander gekoppelt werden können. Sofern dies gegeben ist, können sämtliche Komponenten in der Herstellung vollautomatisch Daten erfassen und dann über die Cloud-Computing-Dienste auswerten. Somit kann die gesamte Produktion entsprechend den Anforderungen optimal gestaltet werden.[12] Dagegen bedeutet **horizontale Integration** die Zusammenführung der verschiedenen Systeme von Lieferanten, Kunden oder anderen Unternehmensstandorten. Gelingt die horizontale Integration, können Daten und Materialien flächendeckend eingebunden werden. Neue Komponenten können auf diese Weise auch leicht in das bestehende System integriert werden. Dies können beispielsweise neue Rechenzentren sein (Cloud Computing). Anhand der Daten aus der horizontalen Integration ist es dann möglich, die Fertigung zu planen und zu steuern sowie - im Idealfall in Echtzeit und angepasst an die individuellen Anforderungen - die visuellen Bedürfnisse des Unternehmens zu planen und zu steuern.[13] Einen großen Vorteil hat ein Unternehmen, wenn sich **horizontale** und **vertikale Integration** in einem Unternehmen vereinen, da so die Produktionsprozesse schneller und präziser an die Produktionsbedingungen der spezifischen Kundenanforderungen angeglichen werden können. Somit wäre die Produktion in der Lage, sich in kürzester Zeit an die gegebenen Rahmenbedingungen zu adaptieren.[14]

3.2 Paradigma 2: Dezentrale Intelligenz

Eine dezentrale Intelligenz ist die Voraussetzung für eine dezentralisierte Steuerung. Sie stellt eine Grundvoraussetzung für Industrie 4.0 dar, denn Produktionsanlagen und Produktionsmittel können unabhängig vom Standort aufgebaut werden. Zur Realisierung dezentraler Intelligenz bedarf es zunächst entsprechender Sensoren, Computersysteme oder Cloud-Computing-Dienste sowie eines Internetzugangs. Den wichtigsten Baustein der sogenannten „Smart Factory" bilden die völlig autonomen Sensoren oder RFID-Chips,

---

[12] Vgl. A. Roth, Industrie 4.0, S. 37f
[13] Vgl. A. Roth, Industrie 4.0, S. 38
[14] Vgl. A. Roth, Industrie 4.0, S. 38

da auf ihnen alle Informationen über die weiteren Produktionsschritte gespeichert und übertragen werden.[15]

3.3 Paradigma 3: Dezentrale Steuerung

Zu einer dezentralen Produktion zählt auch eine direkte dezentrale Steuerung, statt steifer stationärer Schaltkästen wie in der derzeitigen Industrie üblich. In diesen robusten Schränken enthaltene speicherprogrammierbare Steuerungen empfangen Daten von den Sensoren innerhalb des Produktionsprozesses, verarbeiten diese und folgen dann den Daten mit entsprechenden Aktionen. Ein flexibler Gebrauch ist jedoch nicht möglich, da die Maschine und der Schaltschrank fest miteinander verkabelt sind. Künftig wird man in der Industrie in der Regel auf Kabel verzichten und z.b. über WLAN vernetzte Systeme einsetzen. Die Auslagerung von Rechenleistung auf das Internet (siehe auch Cloud Computing Services) sorgt für eine flexiblere Handhabung der verfügbaren Rechenleistung.[16]

3.4 Paradigma 4: Durchgängiges digitales Engineering

Die digitale Wiedergabe des vollständigen Fertigungsprozesses wird als Continuous Digital Engineering bezeichnet. Hier greifen die virtuelle und die reale Arbeitswelt unmittelbar ineinander und lassen sich die gesamte Produktionsplanung elektronisch visualisieren. Zum Einen wird die Gesamtfabrik mit all ihren Betriebsmitteln dargestellt. Mit Hilfe von Informatikprogrammen wird ein exaktes Bild erzeugt, mit dem die Produktion planbar und animierbar gemacht werden kann. Ein solches Abbild bezeichnet man als virtuelle Fabrik. Dank Cloud-Services genügt es, die Daten einmalig einzugeben, um alle Faktoren vorab zu modellieren und störende Faktoren von vornherein zu eliminieren. Veranschaulicht werden diese virtuellen Fabriken beispielsweise über Augmented Reality oder Virtual.[17]

---

[15] Vgl. A. Roth, Industrie 4.0, S. 39
[16] Vgl. A. Roth, Industrie 4.0, S. 40
[17] Vgl. A. Roth, Industrie 4.0, S. 41f

3.5   Paradigma 5: Cyber-physisches Produktionssystem (CPPS)

Der Ausdruck cyber-physisches Produktionssystem umschreibt nach dem Ansatz von Industrie 4.0 eine gesamte Produktionsanlage. Zu einem CPPS gehören insbesondere Produktionssysteme, die mittels Messfühlern und Aktoren die erfassten Daten an Steuerungssysteme senden, die wiederum die Daten auswerten und anschließend an die Produktion zurückleiten. Die Daten werden darüber hinaus unmittelbar von der Anlage eingesetzt, um so den eigenen Produktionsvorgang zu verbessern.[18] Darüber hinaus deckt CPPS die gesamte Produktion nach dem Industrie 4.0-Ansatz ab, wobei Systeme verschiedener Hersteller so miteinander verknüpft werden, dass die Beschäftigten die Daten über die Mensch-Maschine-Interaktion verwerten können und die Produktion im Zusammenspiel getestet werden kann.[19]

4   Technologien im Detail

4.1   Datenerhebung und deren Verarbeitung in der industriellen Produktion

4.1.1   Die Automatisierungspyramide der industriellen Produktion

Ziel der Automatisierungspyramide ist die Reduktion der Komplexität einer industriellen Produktion. Sie lässt sich soweit reduzieren, dass die Prozesse in einzelne Ebenen zerlegt werden. Insgesamt gibt es sechs Ebenen[20], welche in den folgenden Abschnitten näher erläutert werden.

4.1.1.1 Level 0: Prozessebene

Bei der Prozessebene der Automatisierung handelt es sich um den untersten Teil der Pyramide und beinhaltet die von RFID-Chips und anderen intelligenten Geräten übermittelten Daten hinsichtlich der Produktmerkmale und der Produktionsschritte.[21]

---

[18] Vgl. A. Roth, Industrie 4.0, S. 42
[19] Vgl. A. Roth, Industrie 4.0, S. 42
[20] Vgl. A. Roth, Industrie 4.0, S. 49
[21] Vgl. A. Roth, Industrie 4.0, S. 49

4.1.1.2 Level 1: Feldebene

Die Stufe 1 entspricht der Fertigungsstufe. Die sogenannte Feldebene enthält Sensoren (zum Beispiel zur Temperaturmessung), diverse Regler und Lichtschranken.[22]

4.1.1.3 Level 2: Steuerungsebene

Auf dieser Ebene befinden sich die Auswertung der Sensordaten und die Steuerungssysteme aus der Feldebene. Sie leitet die ausgewerteten Ergebnisse an diese zurück. Anschließend werden diese Signale von Aktoren umgewandelt, woraufhin die elektrischen Signale in eine mechanische Bewegung, etwa durch Druckluft, umgesetzt werden. Damit ist die Steuerungsebene ein bedeutender Bestandteil für die beabsichtigte Dezentralität.[23]

4.1.1.4 Level 3: (Prozess-) Leitebene

Durch diese Ebene wird die Mensch-Maschine-Interaktion stark vereinfacht, da die Resultate und Erkenntnisse aus der Steuerungsebene in Signale umgesetzt werden, die für den Menschen verständlich sind.[24]

4.1.1.5 Level 4: Betriebsebene

Für die Steuerung der gesamten Produktionsanlage ist das Manufacturing Execution System (MES) vorgesehen. Für ein betriebssicheres Handeln ist es auf die Daten aus der Betriebs-, Maschinen- und Personaldatenerfassung mittels Sensoren angewiesen. Das MES erfasst insbesondere Daten aus der laufenden Produktion und überträgt diese Daten an das Enterprise Resource Planning System (ERP).[25]

4.1.1.6 Level 5: Unternehmensebene/Topfloor

Das soeben erwähnte ERP-System konzipiert auf der Basis des MES die künftige Produktion sowie die erforderliche Menge an Gütern, die dafür benötigt werden und bestellt diese auch tatsächlich.[26]

---

[22] Vgl. A. Roth, Industrie 4.0, S. 50
[23] Vgl. A. Roth, Industrie 4.0, S. 50
[24] Vgl. A. Roth, Industrie 4.0, S. 50
[25] Vgl. A. Roth, Industrie 4.0, S. 50
[26] Vgl. A. Roth, Industrie 4.0, S. 49

4.1.2 Radio Frequency Identification-Chip (RFID-Chip)

RFID-Chips sind eines der Hauptelemente zur Identifizierung in der sogenannten smarten Fabrik. Sämtliche Daten lassen sich auf diesen Chips ablegen, die daraufhin von einem so genannten Transponder eingelesen werden. Dadurch können sie über eine Funkreichweite von bis zu 30 Metern miteinander kommunizieren. Einer der Vorzüge ist, dass RFID-Chips sehr kostengünstig (0,5-1€) hergestellt werden können und keine separate Stromversorgung erfordern. Um die darauf befindlichen Inhalte zu speichern, werden sie schlicht und einfach mit einem hochfrequenten Signal des Transponders bestrahlt, auf den die benötigte Energie durch Induktion überspielt wird. Die Einsatzmöglichkeiten sind nahezu unbegrenzt. Beispielsweise können sie zur Identifikation, Autorisierung oder Lokalisierung herangezogen werden. In Bezug auf Industrie 4.0 haben sie den entscheidenden Vorteil, dass etwa jedes Werkstück mit einem RFID-Chip ausgerüstet werden kann, in welchem alle zur Identifizierung des Werkstücks erforderlichen Zusatzinformationen abgelegt sind. Über den Transponder kann nun jedes Produktionswerkzeug innerhalb des Produktionsprozesses, zum Beispiel die Lackiererei, die auf dem Chip gespeicherten Daten abrufen, wie etwa die vom Anwender individuell ausgewählte Wunschfarbe. Der Produktionsleiter der Fabrik kennt zudem den Standort des Werkstücks, unmittelbar nachdem es an einen Transponder gekoppelt wurde. Liegt an einer Stelle in der Fabrik ein Fehler vor, lässt er sich schneller und einfacher vom Schreibtisch des Büros aus erkennen.[27]

4.1.3 Cloud Computing

Unter dem Begriff Cloud Computing versteht man eine Dienstleistung, die das Sammeln und Verarbeiten von Daten über das Internet unterstützt. Trotz der unterschiedlichen Systeme zur Automatisierung kann so eine offene Kommunikation über Systemgrenzen hinweg erzielt werden. Was aber bedeutet das genau für ein Unternehmen? Zum einen muss die gesamte IT-Infrastruktur, bestehend aus Servern, Rechnern und dergleichen, nicht mehr im Unternehmen angesiedelt sein, sondern kann von einem externen, geografisch vom Unternehmen unabhängigen Betreiber frei erstellt werden. Die ausgelagerte Anlage wird Cloud genannt und soll in Zukunft als Bindeglied zwischen den Sensoren dienen,

---

[27] Vgl. A. Roth, Industrie 4.0, S. 51ff

die alles an jedem Werkstück, an jeder Maschine, der CPU, den verschiedenen Betriebs-systemen und den jeweiligen Netzwerken vermessen. Damit diese Komponenten mitei-nander Daten austauschen können, stellt Cloud Computing einen Schlüsselfaktor der kommenden Industrierevolution dar. Die Wurzeln des Cloud Computing finden sich im so genannten Hosting. Im Gegensatz zum heutigen Hosting gab es dedizierte Server, also immer einen einzigen Server pro Anwendungsfall. Zudem zeichnet sich Cloud Compu-ting dadurch aus, dass es weit weniger Systemausfälle gibt und die eingesetzten Ressour-cen weitaus flexibler ausgelastet werden können.[28] Die Gefahr eines Datenverlusts ist ebenfalls geringer, denn die Daten werden immer an mehreren Orten gespeichert, so dass sie im Falle eines Ausfalls leichter zu kompensieren sind. Ferner können durch die zent-rale Lage der Server gegebenenfalls zusätzliche Speicherressourcen problemlos hinzuge-fügt werden, wohingegen beim Hosting immer ein manueller Austausch der Hardware, beispielsweise einer Festplatte, notwendig ist. Dieses System ist durch seine Flexibilität zudem deutlich preiswerter, da die Abrechnung häufig auf einer "Pay-per-Use"-Basis er-folgt, bei der nur die tatsächlich benötigten Ressourcen in Rechnung gestellt werden.[29] Auch in anderen Unternehmensbereichen kommt Cloud Computing zum Einsatz. Damit nicht an jeder Steuerungseinheit sehr kostspielige Computer eingesetzt werden müssen, lassen sich kleine, relativ leistungsschwache Client-PCs einsetzen. Diese Client-PCs wer-den durch die Cloud unterstützt, so dass rechenintensive Arbeiten wie komplexe Simula-tionen ausgeführt werden können. Durch die Tatsache, dass alle Komponenten wie Gra-fikkarte, Prozessor und ähnliches wie bei jedem PC in der Cloud installiert sind, können diese Aufgaben von der Cloud sehr viel effizienter und zügiger abgewickelt werden. Auch die Nutzung spezifischer Anwendungen für einen bestimmten Anwendungsfall wird dadurch möglich. Die genannten Programme beziehen derzeit alle relevanten Daten aus der Cloud, welche zuvor über die Sensoren in die Cloud eingegeben wurden. Folglich ist Cloud Computing eine Technologie, die Rechen- und Speicherkapazitäten online zur Verfügung stellt. In deutschen Unternehmen ist Cloud Computing bisher nicht besonders weit verbreitet. Obwohl es ein wichtiger Grundstein der Industrie 4.0 ist, greifen nur knapp 50% von Unternehmen auf Cloud Computing zurück.[30]

---

[28] Vgl. A. Roth, Industrie 4.0, S. 53f
[29] Vgl. A. Roth, Industrie 4.0, S. 54f
[30] Vgl. A. Roth, Industrie 4.0, S. 55ff

4.1.4   Big Data-Dienste

Unter dem Begriff Big Data versteht man eine Sammlung von Daten, die in Bezug auf Menge, Heterogenität der Daten und Häufigkeit der anfallenden Daten ein gewöhnliches Maß übersteigt. Bereits heute werden in unserem vernetzten Zeitalter immense Datenmengen über Cloud Computing (siehe 4.1.3), soziale Netzwerke und das Internet der Dinge übertragen. Bis zum Jahr 2012 dürften pro Sekunde durchschnittlich 2.873 Exabyte Daten übertragen worden sein und diese Zahl soll bis 2016 auf 8.591 Exabyte angestiegen sein. Zur Vorstellung von etwas weniger als einem Exabyte ist es unerlässlich zu wissen, dass ein Exabyte einer Million Terabyte oder einer Milliarde Gigabyte an Daten entspricht.[31] Bezugnehmend auf die Industrie 4.0 bedeuten "Big Data"-Dienste die Komprimierung und Verarbeitung großer Datenmengen, die z.b. von einem Sensor erfasst werden. Diese Aufbereitung und Verarbeitung erfolgt durch automatische Algorithmen. Ziel dabei ist es, dass das Unternehmen auf der Grundlage dieser Daten wirtschaftlich relevante Aussagen treffen kann.[32]

4.1.5   Analytische-Dienste

Zusätzlich zu den Big Data-Diensten evaluieren die Analytics-Dienste die Daten. Die Auswertungsergebnisse werden mittels der Cloud an die cyber-physischen Produktionssysteme (CPPS) übermittelt, um den Firmen Anhaltspunkte zur Qualität der Endprodukte oder zur Optimierung der Produktion zu bieten. Hinzu kommt, dass eine Vielzahl von Daten aus den großen Daten- oder Analysediensten aggregiert werden kann, einschließlich der Kundenzufriedenheit. Diese Daten werden in sogenannten Dashboards oder Apps visualisiert, deren Ziel die Anzeige aller möglichen Daten ist, um zukünftige Maschinenoder Systemfehler zu prognostizieren und damit von Beginn an zu beseitigen.[33]

4.2   Maschine-Maschine-Kommunikation (M2M)

Die Maschine-zu-Maschine-Kommunikation ist der automatische Austausch von Informationen zwischen Geräten und Maschinen. Diese Art des Informationsaustauschs wird

---

[31] Vgl. A. Roth, Industrie 4.0, S. 56f
[32] Vgl. A. Roth, Industrie 4.0, S. 64
[33] Vgl. A. Roth, Industrie 4.0, S. 58 f

durch Cloud Computing sowie Big Data- und Analysedienste sichergestellt.[34] Die Zielsetzung von Industrie 4.0 ist es, alle IT-Systeme und Produktionsfaktoren zu einem intelligenten Netzwerk zu vereinen, welches Daten sammelt und weiterverarbeitet. Die bereits erwähnte Dezentralität spielt dabei eine tragende Rolle, zumal die vielen benötigten Steuerungselemente dezentral über das Netz zugänglich sind. Voraussetzung für diese Intelligenz ist jedoch, dass die Gesamtproduktion mit einer halbwertig intelligenten Netzwerkkomponente ausgerüstet wird.[35]

4.3 Mensch-Maschine-Kommunikation (MMI)

4.3.1 Mensch-Maschine-Interaktion in der Industrie

In den kommenden Jahren werden die Fertigungsanlagen stets komplexer und es wird immer schwieriger die Anlagen zentral zu bedienen. Gerade hier soll Industrie 4.0 einsteigen und alle Daten in einer zentralen Benutzeroberfläche bündeln. Wie schon zu Beginn angedeutet, ist Industrie 4.0 nach wie vor auf den Menschen als letzte Entscheidungsträger angewiesen. Fertigungsstätten werden daher in Zukunft auch weiterhin keine Geisterhallen sein, sondern werden die Menschen sowohl direkt als auch indirekt in das Kontrollsystem integriert werden müssen. Sämtliche während der Produktion gesammelten Daten werden in der Cloud verarbeitet und dann vom Menschen entsprechend interpretiert. Der Mensch erkennt bestehende Probleme, da er dies viel genauer beherrscht als die Maschine an sich. Er überlässt die Steuerung der selbstorganisierenden Produktionsprozesse und beobachtet, ob sie wie vorgegeben ablaufen. Anstelle des ortsgebundenen traditionellen Arbeitsplatzes strebt Industrie 4.0 mobile Systeme zur Überwachung, Steuerung und Entscheidungsfindung innerhalb der Produktion an. Damit wird der Mensch innerhalb dieser flexiblen Produktion zum flexibelsten Einflussfaktor, um Probleme schnellstmöglich zu lösen und schnelle Entscheidungen zu treffen. Im weiteren Verlauf der Arbeit werden die zukünftigen Schnittstellen mit Daten aus der Cloud beleuchtet, denn hochwertige Technologien wie Virtual Reality (VR) und Augmented Reality (AR)

---

[34] Vgl. A. Roth, Industrie 4.0, S. 59
[35] Vgl. A. Roth, Industrie 4.0, S. 59 f

werden die Arbeit in Zukunft immer stärker ergänzen und für die Menschen vereinfachen.[36]

4.3.2 Virtual Reality

Die Aufbereitung aller gesammelten Daten in einer angemessenen und leicht verständlichen Weise und die Schaffung geeigneter Schnittstellen zwischen Produktion und Mensch ist eine der größten Herausforderungen in der Industrie 4.0. Neben der AR könnte sich VR zu einer der facettenreichsten und übergreifendsten unter allen Schnittstellen herausbilden.[37] VR bedeutet die Repräsentation einer anderen, virtuellen Realität, die alle Sinne des Menschen beeinflusst. Diese Illusionen sollen den Menschen das Gefühl geben, als sei die virtuelle Realität tatsächlich die reale Welt. Die visualisierte Darstellung dieser Wirklichkeit wird durch das 3D-Verfahren erzielt. Beim 3D-Verfahren wird ein Gegenstand zweimal abgebildet, wobei jedes Bild den Blickwinkel des jeweiligen Auges darstellt. Das Gehirn kombiniert dann diese beiden Bilder zu einem dreidimensionalen Gesamtbild. Der Betrachter ist also in der Lage sowohl die Breite, die Höhe und im Gegensatz zur 2D-Methode auch die räumliche Tiefenwirkung wahrzunehmen.[38] In vielen Bereichen wie der Verteidigungstechnik, der Unterhaltungselektronik oder der Architektur wird VR bereits eingesetzt. Des Weiteren kann sie für die Planung oder die Simulation von Produktionsanlagen genutzt werden. Der Hauptvorteil einer derartigen Technologie besteht darin, dass mit der Möglichkeit zur Simulation eine dreidimensionale Darstellung von Plänen in einer virtuellen Realität erreicht werden kann, anstatt sie nur auf einem PC-Bildschirm zu sehen. Die Wahrscheinlichkeit von Fehlern ist daher viel geringer.[39]

4.3.3 Augmented Reality

AR ergänzt die reale Welt um Zusatzinformationen, ohne dabei eine neue virtuelle Realität wie VR zu kreieren. Bei den hier eingesetzten Technologien handelt es sich zum Beispiel um die Positionierungs- und Navigationstechnik oder die Bilderkennung. Im Deutschen spricht man von Augmented Reality, also von erweiterter Realität.[40] Für ein

---

[36] Vgl. A. Roth, Industrie 4.0, S. 63f
[37] Vgl. A. Roth, Industrie 4.0, S. 64f
[38] Vgl. A. Roth, Industrie 4.0, S. 65
[39] Vgl. A. Roth, Industrie 4.0, S. 66
[40] Vgl. A. Roth, Industrie 4.0, S. 67

besseres Verständnis dieses komplexen Systems ist es am sinnvollsten, es in drei Teile zu gliedern. Zum einen gehört die Darstellung der vom Computer - mit Hilfe eines 3D-Programms - berechneten virtuellen Objekte durch ein Display, z. B. durch eine Datenbrille, zum Darstellungsteil. Damit diese Objekte auch bei Bewegungen des Brillenträgers im Raum fixiert bleiben, müssen die Drehung und Lage des eigenen Körpers, insbesondere des Kopfes in alle Richtungen (horizontal, vertikal), möglichst exakt wiedergegeben werden. Ebenso müssen die Objekte im Raum erkannt werden, so dass ihnen Informationen beigegeben werden können. Der Teilbereich Tracking muss jedoch weiter unterteilt werden, einerseits in den Bereich der nicht visuelle Verfolgung durch gyroskopische Sensoren oder GPS und andererseits in den Bereich der visuellen (optischen) Verfolgung durch Kameras.[41] Den folgenden Bereich wird der besseren Verständlichkeit halber einmal in den Bereich der privaten und industriellen Nutzung untergliedern. Im privaten Gebrauch eignet sich AR vor allem für den Einsatz in der Navigation. So wird es möglich sein mit einer solchen AR-Brille durch eine Straße zu fahren und dabei Informationen über Öffnungszeiten oder ähnliches neben den Ladengeschäften zu erhalten. Als Ergänzung zu historischen Gebäuden könnten Daten wie das Baudatum visuell angezeigt werden. Auch im Bereich der privaten Unterhaltungselektronik könnte AR bald eine wichtige Rolle spielen. Die von Microsoft entwickelte Datenbrille, die sogenannte HoloLens, ist zum Beispiel seit kurzem erhältlich. Bereits heute kann damit ein Spiel gespielt werden, bei welchem Steine und Blöcke gestapelt werden müssen. Obwohl es bisher nicht nach einer revolutionären Entwicklung scheint, wird mit AR hinzugefügt, was bis dato nicht realisierbar war. Es besteht also auch die Möglichkeit, diese Blöcke auf dem Fußboden zu schichten und sie mit der HoloLinse animiert zu bestaunen. Beim Gang durch den Raum kann man dann den Turm aus Blöcken dreidimensional erkennen. Verlässt man den Raum und kommt nach einer Weile zurück, steht der Turm immer noch genau an der gleichen Stelle wie vorher.[42] Allerdings macht AR gerade im industriellen Bereich wirklich Sinn. Bei der Wartung und Reparatur zum Beispiel ist für den Mechaniker jederzeit ersichtlich, was mit welchem Werkzeug an welchem Bauteil genau durchgeführt wird. Auch der Versandhändler Amazon Inc. verwendet eine Google-Glas-Datenbrille, um zu sehen, was der Monteur mit welchem Werkzeug an welchem Bauteil zu tun hat, um die Artikelsuche in

---

[41] Vgl. A. Roth, Industrie 4.0, S. 67f
[42] Vgl. "Minecraft für HoloLens: Microsoft baut Hologramm-Klötzchen auf der HoloLens", in curved.def

den grossen Warenlagern von Amazon zu vereinfachen. Amazon setzt dazu auf ein chaotisches Lagersystem, in dem jeder Artikel der Ort zugewiesen wird, der die geringste Entfernung aufweist. So kann es vorkommen, dass ein Buch direkt neben einem Fussball oder einem Mobiltelefon zugewiesen ist. Nur der Computer kann hier erkennen, wo sich welcher Artikel jeweils befindet.[43] Mit Hilfe so genannter Picker werden hier alle Produkte einer Bestellung kommissioniert. Sofern eine Datenbrille mit AR getragen wird, kann Ihnen der Computer einem jederzeit mitteilen, über welchen Gang der gesuchte Artikel am schnellsten erreicht werden kann und wo genau er sich befindet. Zusätzlich können die Menge und die Artikelnummer direkt angezeigt werden, und der Kommissionierer muss den gesammelten Artikel nicht abscannen, sondern wird mittels der Datenbrille erkannt und im System als "erfasst" gekennzeichnet.[44] AR ergänzt die reale Welt um Zusatzinformationen, ohne dabei eine neue virtuelle Realität wie VR zu kreieren. Bei den hier eingesetzten Technologien handelt es sich zum Beispiel um die Positionierungs- und Navigationstechnik oder die Bilderkennung. Im Deutschen spricht man von Augmented Reality, also von erweiterter Realität.[45]

5 Fazit

Was bedeuten die oben beschriebenen Komponenten und Ansätze von Industrie 4.0 für den Industriesektor? Folgt man den obigen Paradigmen und wird eine neue Produktionsanlage nach dem Schema von Industrie 4.0 geplant und gebaut, so bedeutet dies zunächst einen enormen Aufwand für das Unternehmen, da bisher nicht gekannte Infrastrukturen wie Netzwerktechnologien benötigt werden. Langfristig wird sich eine solche intelligente Produktion für das Unternehmen jedoch auszahlen, da bisher genutzte Infrastrukturen wie große, starre Schaltschränke entfallen und durch externe Anbieter ersetzt werden (siehe Cloud Computing). Insbesondere die Tatsache, dass die hier benötigte Rechenleistung nach dem Pay-per-Use-Prinzip berechnet wird, wie sie benötigt wird, bietet aus wirtschaftlicher Sicht einen großen Vorteil. Darüber hinaus können Maschinen Produktionsfehler selbst erkennen und so Alarm schlagen, sobald in der Produktion etwas schief läuft. So können teure Produktionsausfälle von vornherein vermieden werden oder es können

---

[43] Vgl. Art. "Das Prinzip Chaos: So funktioniert Amazon.", in rhein-zeitung.de (Stand: 30.09.2020)
[44] Vgl. A. Roth, Industrie 4.0, S. 69
[45] Vgl. A. Roth, Industrie 4.0, S. 69

rechtzeitig Vorkehrungen getroffen werden, um das gewünschte Produktionsziel zu erreichen. Sieht Industrie 4.0 eine gläserne Industrie vor? Aufgrund der vollständig vernetzten Industrie wird es in Zukunft sehr wichtig sein, über leistungsfähige Virenabwehrprogramme zu verfügen, die einen Angriff auf die Produktion verhindern. Gleichzeitig muss aber auch der Kundendatenschutz gewährleistet sein, da Unternehmen in der Lage sind, persönliche Daten über die Nutzung ihrer Dienstleistungen zu sammeln. Beim Cloud Computing liegen diese Daten, wie alle anderen Unternehmensdaten auf Speichermedien, bei externen Anbietern, die sie natürlich auch für eigene Zwecke missbrauchen könnten, ohne dass die Kunden davon Kenntnis haben.[46] Zudem könnte dieser externe Anbieter theoretisch das Know-how des Unternehmens bezüglich seiner Produkte an einen Konkurrenten des Unternehmens verkaufen. Wenn dies geschehen würde, wäre der Schaden für das Unternehmen enorm, da Plagiate so leicht produziert werden könnten. Industrie 4.0 bedeutet nicht nur eine „digitale Transformation, sondern gleichzeitig ein Kulturwandel innerhalb einer Organisation"[47] und das setzt eine professionelle Steuerung und Planung voraus. Die Akzeptanz aus dem menschlichen Bewusstsein ist letztlich abhängig von den individuellen Problemfällen der Kunden, auf die sich das Unternehmen hinsichtlich der Umsetzungsmaßnahmen einstellen muss, um gewinnbringend handeln zu können.

---

[46] Vgl. A. Roth, Industrie 4.0, S. 255
[47] Vgl. A. Roth, Industrie 4.0, S. 259

16

Literaturverzeichnis

Roth, Armin (Industrie 4.0, 2016): Einführung und Umsetzung von Industrie 4.0, Wiesbaden: Springer Gabler, 2016

Bauernhansl, Thomas; ten Hompel, Michael; Vogel-Heuser, Birgit (Industrie 4.0): in Produktion, Automatisierung und Logistik, Wiesbaden: Springer Verlag, 2014

Weitere Quellen

„Abschlussbericht des Arbeitskreises Industrie 4.0", in acatech.de = https://www.acatech.de/publikation/umsetzungsempfehlungen-fuer-das-zukunftsprojekt-industrie-4-0-abschlussbericht-des-arbeitskreises-industrie-4-0/download-pdf/?lang=de (Zuletzt Aufgerufen am 30.09.2020)

"Die wichtigsten Fakten zur Real Time Economy", in MyBusinessFuture.de = https://mybusinessfuture.com/real-time-economy/ (Zuletzt Aufgerufen am 29.09.2020)

BMWi Industrie 4.0, in bmwi.de = https://www.bmwi.de/Redaktion/DE/Dossier/industrie-40.html (Zuletzt Abgerufen am 01.10.2020)

"Minecraft für HoloLens: Microsoft baut Hologramm-Klötzchen auf der Holo- Lens", in curved.de = https://curved.de/news/minecraft-fuer-hololens-microsoft-baut- hologramm-kloetzchen-auf-der-e3-2015-266750 (Zuletzt Aufgerufen am 30.09.2020)

"Das Prinzip Chaos: So funktioniert Amazon." 17 Oktober. 2012 = https://www.rhein-zeitung.de/region/aus-den-lokalredaktionen/koblenz-und-region_artikel,-das-prinzip-chaos-so-funktioniert-amazon-_arid,499255.html (Zuletzt Aufgerufen am 30.09.2020)

"Weltwirtschaftliche Schwerpunktverschiebung nach Asien?." = https://www.giga-hamburg.de/de/system/files/publications/gf_global_0802.pdf (Zuletzt Aufgerufen am 01.10.2020)